LE PETIT RÉDAC

Catalogage avant publication de Bibliothèque et Archives nationales du Québec et Bibliothèque et Archives Canada

Vedette principale au titre:

Le petit rédac: guide de rédaction des travaux en formation générale

Comprend des réf. bibliogr.
Pour les étudiants du niveau collégial.
Publ. en collab. avec: Collège Ahuntsic.

ISBN 978-2-89035-417-3

1. Thèses et écrits académiques. 2. Rapports – Rédaction. I. Collectif de la formation générale du Collège Ahuntsic. II. Collège Ahuntsic.

LB2369.P47 2007   808'.02   C2007-940527-4

Les Éditions Saint-Martin bénéficient de l'aide de la SODEC pour l'ensemble de leur programme de publication et de promotion.

Les Éditions Saint-Martin sont reconnaissantes de l'aide financière qu'elles reçoivent du gouvernement du Canada qui, par l'entremise de son Programme d'aide au développement de l'industrie de l'édition, soutient l'ensemble de ses activités d'édition.

Nous tenons à remercier tous les enseignants et enseignantes du Collège Ahuntsic qui ont participé à ce projet en fournissant des documents méthodologiques ou des notes de cours, et en lisant attentivement ce guide pour nous faire part de leurs commentaires et de leur appréciation. Merci à André Mercier pour ses suggestions et conseils.

Membres de la Table de concertation de la formation générale ayant participé à ce projet: Isabelle Morin et Michèle Clermont (Éducation physique); Linda Delisle (Cours complémentaires); Joël Findlay, Sandra Snow et Todd Stones (Anglais); Marie-Hélène Lapointe et Martine St-Pierre (Français); Marie-Michelle Poisson (Philosophie); Mireille Surprenant (Conseillère pédagogique); avec l'appui de la Coordination de l'enseignement préuniversitaire et de la formation générale.

Rédaction: Martine St-Pierre

Éditeur: Richard Vézina

Graphisme: DVAG

Illustrations: ©doodlemachine, istockphotos

Dépôt légal: Bibliothèque nationale du Québec, 2e trimestre 2007

Imprimé au Québec (Canada)

ÉDITIONS SAINT-MARTIN
Filiale du réseau Coopsco

©2007 Les Éditions Saint-Martin inc.
5000, rue Iberville, bureau 203
Montréal (Québec) H2H 2S6
Tél. : (514) 529-0920
Téléc. : (514) 529-8384
st-martin@qc.aira.com
www.editions-saintmartin.com

Collectif de la formation générale
du Collège Ahuntsic

LE PETIT RÉDAC

Guide de rédaction des travaux en
formation générale

ÉDITIONS
SAINT-MARTIN

COLLÈGE AHUNTSIC

Table des matières

Avant-propos

Le petit rédac est le fruit d'un projet de concertation entre les diverses disciplines de la formation générale au Collège Ahuntsic. Il a été conçu dans le but de vous guider dans la rédaction de vos travaux écrits en français, en philosophie, en éducation physique, en anglais et dans vos cours complémentaires. Éventuellement, il pourrait également vous être utile dans vos cours de formation spécifique, puisque les notions et consignes qu'il propose sont applicables dans la plupart des disciplines.

Le petit rédac se veut un outil méthodologique facile à consulter. Il est divisé en cinq parties qui devraient répondre à la plupart des questions que vous vous posez lorsque vous avez un travail à rédiger. Qu'est-ce qu'un résumé, une analyse littéraire, une dissertation, un essai? Comment répondre à une question de compréhension? Comment structurer un travail et énoncer correctement des idées principales et secondaires? Quelles sont les règles à suivre pour intégrer des citations et faire des références? Comment présenter un travail écrit et quels sont les pièges à éviter lorsqu'on rédige un texte?

Vous noterez qu'étant donné que *Le petit rédac* est utilisé en anglais, langue seconde, il inclut (entre parenthèses au fil du texte) les traductions anglaises des termes méthodologiques essentiels ainsi qu'un certain nombre d'exemples en anglais. Par ailleurs, le masculin est utilisé sans aucune discrimination et dans le seul but d'alléger le texte.

Le petit rédac, dont l'achat est obligatoire dès la première session, vous accompagnera tout au long de vos études au Collège. Vos enseignants y feront souvent référence lorsqu'ils aborderont des questions méthodologiques. Gardez-le précieusement et ayez-le toujours sous la main lorsque vous rédigez vos travaux, que ce soit en classe ou à la maison. *Le petit rédac* deviendra ainsi, nous l'espérons, le complice de votre réussite.

Martine St-Pierre
et l'équipe de concertation
de la formation générale

1.

Rédiger différents types de travaux

Dans tous vos cours de formation générale (en anglais, en éducation physique, en français, en philosophie et dans vos cours complémentaires), vous devez rédiger des travaux écrits. Vos enseignants peuvent ainsi évaluer vos connaissances et plusieurs de vos compétences. On vérifie bien sûr votre capacité à communiquer par écrit en respectant les règles de la langue française. Mais ce n'est pas tout. Ces travaux ont aussi pour but de vous amener à effectuer des opérations intellectuelles essentielles dans toutes les disciplines.

Analyser

La première de ces grandes compétences est l'analyse, qui consiste à «décomposer un tout en ses éléments constituants[1]». Il s'agit vraiment d'une aptitude importante à développer puisqu'elle est utile dans tous les domaines. On peut en effet analyser un texte, une image, une situation, des sentiments, des composés chimiques, des phénomènes économiques ou politiques, etc. Dans vos cours de formation générale, vous devez par exemple reconnaître le propos d'un texte, repérer les thèmes, comparer des concepts, des idées afin d'en dégager les ressemblances et les différences ou choisir d'autres éléments pertinents d'analyse. L'examen minutieux de tous les aspects d'une question ou d'un problème permet par ailleurs de produire une argumentation solide.

Critiquer, évaluer, juger

Développer son jugement, sa capacité à évaluer une situation ou un problème constitue une autre compétence extrêmement importante dans toutes les disciplines. Votre sens critique et votre habileté à construire une argumentation sont ainsi mis à contribution dans divers travaux écrits, qu'il s'agisse d'apprécier ou de discuter des concepts et des idées, de défendre une position en justifiant votre point de vue ou de dresser un bilan synthèse.

Le tableau ci-dessous présente plusieurs travaux écrits exigés dans les cours de formation générale, qui ont pour but de vous amener à développer ces compétences souvent indissociables. En effet, l'analyse est habituellement une étape préalable essentielle à l'argumentation ou au commentaire critique. Cette liste n'est cependant pas exhaustive et vous pourriez avoir à rédiger d'autres types de travaux (textes de création, travaux de recherche, etc.) dans le cadre de vos cours de formation générale.

Notez enfin que les termes « dissertation » et « essai » renvoient à des travaux que vous aurez à exécuter dans plus d'une discipline, et que leur nature précise et leur plan peuvent varier selon ces disciplines. Il est donc très important que vous soyez attentif aux consignes et directives particulières données par vos professeurs.

ANALYSER (expliquer, comparer ou traiter d'une question sans porter de jugement)	**CRITIQUER, ÉVALUER, JUGER** (défendre une position, porter un jugement critique et justifier ce point de vue)
Le résumé (*Summary*) L'analyse littéraire La dissertation explicative (sans commentaire critique) Divers travaux écrits en éducation physique	La dissertation critique Le bilan synthèse *Opinion essay*

La réponse à une question à développement L'essai

3

LES DIFFÉRENTS TYPES DE TRAVAUX[2]

Le résumé (*Summary*)

DÉFINITION

Le résumé est un texte qui reprend, en le condensant, le propos d'un autre texte. Il peut se suffire à lui-même ou ne constituer qu'une partie d'un travail plus vaste.

- On peut résumer non seulement différents types de textes (récit, essai philosophique, chapitre d'un ouvrage, article de journal ou de revue), mais aussi des documents audiovisuels (émission télévisée, entrevue radiophonique, exposé enregistré, etc.)

- En philosophie, le résumé fait rarement l'objet d'un travail séparé. Pour des explications supplémentaires, veuillez consulter le livret intitulé *Les cours de philo au cégep : comment s'y retrouver ?* (p. 26) ainsi que le site Internet du Département de philosophie sous la rubrique « Résumé » à l'adresse suivante : http://www.collegeahuntsic.qc.ca/Pagesdept/Philosophie/

QUALITÉS D'UN BON RÉSUMÉ

- Il est fidèle au texte de départ : il rend compte de façon neutre et objective du texte sans y ajouter d'opinion personnelle, de jugement ou d'interprétation.

- Il montre que vous savez discerner l'essentiel de ce qui est secondaire : il ne s'attarde pas aux détails, mais respecte néanmoins la structure du texte original.

- Il contient un nombre de mots qui ne dépasse pas 20 % du texte original ; il est d'ailleurs préférable de vérifier auprès de votre professeur ses attentes à ce sujet.

- Il se suffit à lui-même : le lecteur n'a pas à lire le texte original pour bien saisir la pensée de l'auteur, les liens entre ses idées et la tonalité du texte.

- Il est écrit dans « vos mots » et n'est surtout pas un collage de phrases tirées du texte ! Cependant, vous devez avoir le souci de respecter, s'il y a lieu, le vocabulaire spécifique de l'auteur.

- Si le professeur vous le permet, il est possible d'insérer une ou des citations dans votre résumé.

CONSEILS POUR LA RÉDACTION

- Lisez activement le texte plusieurs fois : notez les mots clés, les idées importantes ainsi que les liens entre ces idées, et faites un plan de votre résumé.

- Dans la première phrase, nommez l'auteur, le titre et le sujet du texte. Puis, tout au long de votre résumé, faites référence à l'auteur ou au texte en utilisant des formules appropriées.

5

Exemples
de débuts de résumés

1. Dans son roman intitulé *La peste*, publié en 1947, Albert Camus fait la chronique fictive d'une épidémie de peste à Oran (en Algérie) dans les années quarante. Dans la première partie du roman, le narrateur, dont l'identité ne sera dévoilée qu'à la fin du récit, raconte comment les habitants de la ville deviennent inquiets à la suite de la découverte de rats morts. Puis...

2. *According to Aaron Wherry, in an article published in the* National Post *on October 22, 2003, Joss Stone is a young woman who sings soul songs like a 50-year-old black woman.*

First, Wherry compares Stone to Britney Spears. He says that Stone is young, blond and pretty like Spears, but, in fact, Joss Stone is completely different. The author says that the young singer has a very special voice. He compares her voice to Anita Baer's and Aretha Franklin's voices. Strangely, Stone is a young white woman.

L'analyse littéraire

DÉFINITION

L'analyse littéraire, exigée dans le premier cours de français, *Écriture et littérature*, est une rédaction structurée portant sur un court texte littéraire : extrait d'un roman, d'une pièce de théâtre, nouvelle ou poème. L'analyse consiste ici à repérer les différentes composantes du texte et à établir des liens entre elles.

On analysera ainsi les éléments de contenu (le propos, les thèmes, le lexique) et de forme (la composition, les figures de style, la tonalité, la versification s'il s'agit d'un poème, etc.).

QUALITÉS D'UNE BONNE ANALYSE LITTÉRAIRE

- Elle ne s'écarte jamais du sujet de rédaction soumis, ce qui suppose que vous avez bien compris le libellé du sujet, incluant la consigne.

- Elle n'est ni un résumé, ni une explication linéaire (ligne par ligne), ni un texte d'opinion.

- Elle s'apparente plutôt au texte argumentatif démonstratif, dans la mesure où vous devez démontrer la justesse du sujet proposé.

- Elle est structurée de façon rigoureuse à partir des idées qui découlent de votre analyse du sujet et du texte.

- Elle s'appuie sur des passages précis du texte (le plus souvent sous forme de citations) qui constituent les « preuves » de votre démonstration.

  - Dans le commentaire composé, variante de l'analyse littéraire, il n'y a pas d'énoncé du sujet. Vous devez trouver vous-même l'idée directrice de votre analyse.

La dissertation explicative

DÉFINITION

La dissertation explicative est une rédaction structurée, exigée dans le deuxième cours de français, *Littérature et imaginaire* et dans le deuxième cours de philosophie, *L'être humain.*

Elle peut porter sur un court extrait de texte ou sur une œuvre complète.

- Dans certains cas, il s'agit d'expliquer une thèse ou de justifier un point de vue portant sur un élément du texte : le personnage, le milieu social, la thématique, etc.

- Dans d'autres types de dissertation explicative, il faut établir un lien entre le texte et un élément qui lui est extérieur : on montrera l'appartenance à un genre, à une époque, à un courant littéraire ou à un courant de pensée, on fera une comparaison avec un autre texte ou un autre auteur.

- Les qualités d'une bonne dissertation explicative sont les mêmes que celles de l'analyse littéraire.

- Dans les cours de philosophie, la dissertation explicative doit être complétée par un commentaire critique. Vous trouverez des explications à ce sujet dans le livret intitulé *Les cours de philo au cégep : comment s'y retrouver ?* (p. 34 à 36) ainsi que sur le site Internet du Département de philosophie sous la rubrique « Le commentaire critique » à l'adresse suivante : http://www.college ahuntsic.qc.ca/Pagesdept/Philosophie/

La dissertation critique

DÉFINITION

La dissertation critique est une rédaction structurée, dans laquelle on vous demande «d'évaluer ou de discuter la pertinence d'un jugement[3]» portant sur un ou deux extraits d'œuvres littéraires (ou autres). Contrairement à ce que l'on vous demande dans l'analyse littéraire et la dissertation explicative, vous devez ici prendre position par rapport à un énoncé.

- Vous devez donc construire une argumentation convaincante et nuancée à partir de l'analyse du ou des textes soumis.

- Il vous faut aussi faire référence à des connaissances appropriées.

- La dissertation critique constitue le type de travail que vous devez effectuer lors de l'*Épreuve uniforme de français*, l'examen ministériel que tous les élèves du collégial doivent réussir pour obtenir leur DEC.

  - Vous trouverez d'autres informations sur la dissertation critique aux adresses suivantes :

    BERGER, Richard. *Épreuve uniforme de français*, http://pages.infinit.net/berric/EUF/body_euf-accueil.html

    QUÉBEC, MINISTÈRE DE L'ÉDUCATION. *Épreuve uniforme de français au collégial*, http://www.meq.gouv.qc.ca/enssup/ens-coll/Eprv_uniforme/Mfrancais.asp

- Pour les travaux de philosophie, vous trou-verez des explications supplémentaires dans le livret intitulé *Les cours de philo au cégep : comment s'y retrouver ?* (p. 37 à 41) ainsi que sur le site Internet du Département de philosophie sous la rubrique « La dissertation philosophique » à l'adresse suivante : http://www.collegeahuntsic.qc.ca/Pagesdept/Philosophie/

Travaux écrits en éducation physique

Différents travaux écrits en éducation physique visent à vérifier votre capacité d'analyse.

- Dans l'ensemble 1, vous devez examiner et décrire vos habitudes de vie, votre état de santé, vos facteurs de motivation, vos capacités et limites en regard de la pratique de l'activité physique.

- Dans l'ensemble 2, ce sont vos forces et fai-blesses du point de vue de vos habiletés techniques et de vos attitudes qui font l'objet d'une observation attentive tout au long de la session. Vous devez formuler par écrit des objectifs ainsi que des commen-taires explicatifs.

- Enfin, une analyse synthèse regroupant tous les facteurs précédents fait l'objet de l'ensemble 3. Vous élaborez par écrit un programme d'activités physiques et vous rédigez un journal de bord par lequel vous faites un compte rendu hebdomadaire des activités physiques de votre programme.

- Tous ces travaux prennent la forme de questionnaires ou de tableaux à remplir, ou encore de réponses à des questions à développement de quelques lignes à une page.

Le bilan synthèse

DÉFINITION

Les cours d'éducation physique vous amènent aussi à faire preuve de sens critique. Les bilans synthèses vous permettent de vous autoévaluer et d'exercer votre jugement.

- Dans l'ensemble 1, vous devez justifier par écrit à l'aide d'arguments pertinents le choix de deux activités répondant à vos besoins, vos capacités et vos facteurs de motivation.

- Vous devez, dans l'ensemble 2, évaluer votre démarche par objectifs visant l'amélioration de votre efficacité lors d'une activité physique.

- L'ensemble 3 vous permet d'évaluer votre programme personnel d'activités physiques en tenant compte des facteurs qui en conditionnent ou en favorisent la pratique.

- Ces travaux se présentent sous la forme de questions auxquelles vous devez répondre dans un développement de quelques lignes à une page.

La réponse à une question à développement

Définition

Dans un examen, un contrôle ou un exercice, on peut vous poser des questions auxquelles vous ne pouvez pas répondre en quelques mots. Ces questions exigent une réponse relativement développée, dont la longueur peut varier de quelques lignes (développement court) à plus d'une page (développement long).

Qualités d'une bonne réponse

- Elle est autonome : elle inclut tous les éléments nécessaires à sa compréhension sans que le lecteur ait à se référer à la question.

- Elle est précise : elle ne s'écarte pas de la question posée.

- Elle est claire et explicite : elle fournit toutes les explications pertinentes.

Conseils pour la rédaction

- Lisez la question attentivement, soulignez les mots clés et assurez-vous de bien comprendre la consigne.

- Reprenez dans la première phrase les éléments importants de la question, en les reformulant, de façon à ce que le lecteur saisisse bien votre propos.

- Énoncez toujours votre réponse dans des phrases complètes qui formeront un seul paragraphe ou quelques paragraphes, chacun centré autour d'une seule idée, l'idée principale du paragraphe (voir la section 2 intitulée « Structurer un texte »).

- Insérez, au besoin, des citations (voir la section 3 « Intégrer des citations et se référer à des auteurs sans plagier »).

  ○ Pour des conseils sur la façon de répondre aux questions à développement en philosophie, consultez le fascicule intitulé *Les cours de philo au cégep : comment s'y retrouver ?* (p. 27 et 28) ainsi que le site Internet du Département de philosophie sous la rubrique « Répondre à des questions à développement » à l'adresse suivante : http://www.college ahuntsic.qc.ca/Pagesdept/Philosophie/

Exemple de développement court

Question

Dans *Tristan et Iseult*, pourquoi les bourgeois et le peuple ne veulent-ils pas que Tristan meure ?

Exemple de réponse insatisfaisante

Parce qu'il a été le seul à affronter le Morholt.

Exemple de réponse satisfaisante

Dans le roman *Tristan et Iseult*, les bourgeois et le peuple de Cornouailles ne souhaitent pas que Tristan soit exécuté sur le bûcher parce que, au moment où le géant Morholt débarquait chez eux pour emporter leurs enfants comme esclaves, Tristan a été le seul à oser l'affronter. Il a d'ailleurs réussi à les en débarrasser en le tuant.

L'essai (*Opinion essay*)

DÉFINITION

Dans son sens large, l'essai est un texte de facture libre qui aborde un sujet sans l'épuiser.

* Dans vos cours d'anglais, langue seconde, l'essai (*Opinion essay*) est un texte d'opinion structuré dont la longueur varie de 200 à 600 mots selon le niveau auquel vous êtes inscrit. Dans ce type de travail, vous devez exprimer un point de vue sur un sujet quelconque, en vous appuyant sur des faits et des arguments pertinents et convaincants.

* Dans vos cours de philosophie, l'essai sert surtout à explorer de nouvelles idées. Vous trouverez des explications complémentaires à ce sujet dans le livret intitulé *Les cours de philo au cégep: comment s'y retrouver?* (p. 42 à 44) ainsi que sur le site Internet du Département de philosophie sous la rubrique « L'essai : vous explorez » à l'adresse suivante : http://www.collegea-huntsic.qc.ca/Pagesdept/Philosophie/

2.

Structurer un texte

La plupart des travaux que vous devez rédiger dans vos cours de formation générale sont structurés de façon similaire : ils comprennent une introduction, un développement et une conclusion.

- Cette structure n'est cependant pas pertinente lors de la rédaction d'un résumé (*summary*), dans une réponse à une question à développement ou dans vos travaux écrits d'éducation physique. Vérifiez toujours auprès de votre enseignant ses exigences en ce qui concerne la structure du travail qu'il vous demande de faire.

LE PLAN (*OUTLINE*)

DÉFINITION

Le plan de rédaction est un outil essentiel pour structurer adéquatement tout travail de rédaction. Lorsque toutes les étapes préparatoires ont été effectuées (recherche, lecture, cueillette et classement des données), vous êtes en mesure d'esquisser le canevas ou la trame de votre texte. Il s'agit de formuler les idées (ou arguments) qui en formeront l'ossature, d'ordonner ces idées et, au besoin, de préciser quels seront les exemples retenus.

- Il faut toujours planifier l'ordre de succession des parties et/ou des paragraphes de développement. Le sujet à traiter et le type de travail peuvent vous amener à choisir le plan le plus pertinent : chronologique (*chronological*), comparatif (*comparison contrast*), dialectique, démonstratif (*expository*), progressif (*cause and effect*), etc.

Selon les cas, vous pouvez opter pour un **plan sommaire** ou un **plan détaillé**.

- Le plan détaillé, lorsqu'il est fait avec soin, vous permet de gagner du temps. En effet, comme les idées principales et secondaires sont formulées en phrases complètes, vous pouvez passer directement du plan détaillé à la rédaction finale de votre texte sans faire de brouillon. Cette stratégie est très efficace lorsque vous rédigez votre texte en classe dans un temps limité.

* L'annexe 2 présente la structure du plan d'un essai en anglais, langue seconde.

L'INTRODUCTION (*INTRODUCTION*)

Définition

L'introduction a pour but de présenter au lecteur le sujet que vous allez développer. La plupart du temps, elle contient trois parties logiquement reliées, qui forment soit un seul paragraphe, soit trois paragraphes distincts.

* La longueur de l'introduction varie en fonction de la dimension du travail. Elle devrait représenter 10 à 15 % du texte entier : environ une page, dans un travail qui en compte une dizaine ; 80 à 100 mots, dans un texte qui en contient 800 à 900 au total.

La première partie de l'introduction, souvent appelée « **sujet amené** » (*grabber and development*), propose une entrée en matière qui conduit le lecteur au sujet proprement dit. Il s'agit d'un préambule dont le contenu peut varier.

* Dans un essai en anglais (*opinion essay*), par exemple, on peut raconter une anecdote liée au sujet, décrire une situation ou exprimer un point de vue surprenant sur une question pour piquer la curiosité du lecteur.

* Dans une analyse littéraire ou une dissertation explicative ou critique, il faut plutôt

présenter des éléments contextuels comme l'époque, le courant littéraire ou le courant de pensée auxquels se rattache le texte (ou les textes) à analyser, ainsi que des informations pertinentes sur l'auteur ou les auteurs concernés et leur œuvre.

* Dans un travail de recherche, on présente le sujet général : le contexte, le cadre de la recherche, l'intérêt du sujet, etc.

  ○ Dans tous les cas, on doit éviter les généralisations abusives énonçant des banalités, des évidences (*"As everyone knows, violence has always been a part of society"*) ou des contresens (« Depuis le début des temps, les humains ont toujours cherché à se divertir en allant au cinéma »).

Dans **la deuxième partie de l'introduction** ou **« sujet posé »** (*thesis statement*), vous devez énoncer de façon claire et précise le sujet proprement dit de votre travail et la manière dont il sera traité.

* Dans un travail de recherche, vous formulez la question ou l'hypothèse que vous désirez soulever ainsi que l'angle sous lequel vous l'aborderez.

* Dans un texte de type démonstratif ou explicatif, vous devez reprendre, en le reformulant dans vos propres mots, l'énoncé du sujet qui vous a été soumis, et en faire une phrase déclarative qui devient ainsi **l'idée directrice** de votre démonstration.

- Dans une dissertation critique, on suggère en général d'annoncer votre point de vue au moment où vous formulez le sujet. C'est le moment ici d'exposer la thèse que vous allez défendre dans le développement.

- Dans l'essai en anglais (*opinion essay*), il faut exprimer clairement votre position par rapport au sujet dans une phrase déclarative (*thesis statement*). Cette phrase n'est ni une question, ni l'énoncé d'un fait.

- Vérifiez auprès de votre professeur si votre sujet posé doit être formulé sous forme d'interrogation (question) ou de phrase déclarative (affirmation).

La **troisième partie de l'introduction**, le **sujet divisé**, annonce le plan de votre travail, c'est-à-dire qu'il présente, dans l'ordre, l'idée principale de chacune des parties du développement.

* Dans certains cas, par exemple dans l'essai en anglais (*opinion essay*), on suggère de ne pas annoncer les arguments qui seront développés ; l'introduction est alors constituée seulement de deux parties, le sujet amené (*grabber and development*) et le sujet posé (*thesis statement*).

LE DÉVELOPPEMENT (*BODY*)

DÉFINITION

Le développement est l'exposé détaillé de tout ce que vous avez à dire sur votre sujet. Il doit être construit de façon rigoureuse afin que votre lecteur suive aisément le cheminement de votre pensée. Selon le type et l'ampleur du travail, le développement peut être subdivisé en grandes parties surmontées d'un titre ou simplement constitué d'une suite de paragraphes.

LE PARAGRAPHE

Il constitue une unité, à la fois sur le plan graphique et sur le plan logique.

* Graphiquement, le paragraphe forme un bloc de texte séparé. Le début du paragraphe peut ou non être indiqué par un alinéa, mais la fin est toujours signalée par un retour à la ligne.

* Du point de vue du sens, le paragraphe présente **une seule idée principale** qui est

énoncée, expliquée, illustrée, commentée dans une suite de phrases.

Il existe diverses façons de composer un paragraphe. Dans les textes argumentatifs ou explicatifs, il est parfois recommandé de rédiger des paragraphes structurés selon un enchaînement bien précis. En français, on le nomme « **paragraphe logique** », alors qu'en anglais on utilise l'expression « *coherent paragraph* » pour désigner ce type de paragraphe. On le retrouve sous deux formes : le paragraphe simple et le paragraphe complexe.

Le paragraphe simple

C'est le type de paragraphe que l'on doit composer dans la plupart des travaux. Le développement des textes argumentatifs est ainsi habituellement constitué d'une succession de paragraphes simples présentant chacun un argument.

- On énonce dès la première phrase l'idée principale ou l'argument (*topic sentence*).

- Les phrases suivantes développent cette idée et en montrent la justesse par des explications (*supporting information*) et des exemples s'appuyant sur des faits (*examples*).

- Le paragraphe peut se terminer par une phrase de clôture (*concluding statement*). La transition avec le paragraphe suivant se fait dans la dernière phrase ou encore au début du paragraphe suivant.

Idée principale (*topic sentence*)

Explication (*supporting information*)

Illustration à l'aide d'exemples (*examples*)

Phrase de clôture facultative (*concluding statement*)

Le paragraphe complexe

C'est ce type de paragraphe, qui peut compter 200 à 250 mots, que l'on vous demande de rédiger dans les travaux de français comme l'analyse littéraire, la dissertation explicative et la dissertation critique.

- L'idée principale, une fois énoncée, est subdivisée en idées secondaires (de deux à quatre par paragraphe).

- Chaque idée secondaire est illustrée à l'aide d'au moins un exemple, incluant habituellement une citation. L'exemple est généralement accompagné d'un commentaire.

- Le paragraphe complexe s'achève toujours sur une clôture formée d'une phrase qui rappelle ce que le paragraphe avait pour but de développer.

- La transition avec le paragraphe suivant peut se faire dans la phrase de clôture ou au début du paragraphe suivant.

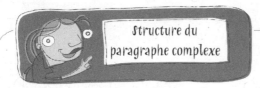

Idée principale énoncée et expliquée

1re idée secondaire énoncée
Illustration à l'aide d'un ou de plusieurs exemples commentés

2e idée secondaire énoncée
Illustration à l'aide d'un ou de plusieurs exemples commentés

3e idée secondaire énoncée
Illustration à l'aide d'un ou de plusieurs exemples commentés

Clôture

Qualités d'un bon paragraphe

- **L'unité de sens** : le paragraphe ne développe qu'une idée principale.

- **La cohérence** : toutes les explications, les idées secondaires et les exemples doivent avoir un rapport évident avec l'idée principale du paragraphe. Il est important de choisir les exemples les plus pertinents et les plus significatifs.

- **L'ordre** : les idées secondaires doivent être organisées en fonction d'un fil conducteur : par ordre d'importance, chronologiquement ou par étapes logiques (du général au particulier ou l'inverse).

  - Le paragraphe logique peut constituer un texte autonome. Ainsi, il sera très utile pour structurer une réponse à une question à développement.

La formulation des idées principales et secondaires

Les idées principales et les idées secondaires du développement doivent être énoncées de façon complète. Pour cela, elles doivent être constituées de deux parties : ce dont vous voulez parler (thème /*topic*) et ce que vous voulez en dire (propos/*controlling idea*).

1. D'abord, les tests d'intelligence.
Commentaire : cette suite de mots ne forme pas une phrase, car elle n'a pas de groupe verbal. En conséquence, elle ne comprend qu'un thème, pas de propos.

Non !

2. Je vais vous parler des tests d'intelligence.
Commentaire : cette phrase ne contient que le thème (*topic*) ; elle ne nous informe pas sur ce que vous allez en dire.

Non !

Les tests d'intelligence traditionnels
thème (*topic*)

ne tiennent pas compte des différents types d'intelligence.
propos /*controlling idea*

- L'énoncé d'une idée principale ou secondaire doit aussi être distingué de l'énoncé d'un fait. L'idée principale ou secondaire ne peut pas, par exemple, rapporter une statistique, une anecdote, etc. Ceux-ci ne peuvent que tenir lieu d'exemples pour soutenir une idée.

- Dans un texte argumentatif, la thèse (*thesis statement*) doit prêter à discussion et ne pas se limiter à exprimer un simple fait. Il serait préférable d'exprimer une thèse sur le mode de l'opinion normative (jugement de valeurs), ce qui invite à la discussion et à l'argumentation. Les faits, en principe vérifiables, ne sont pas discutables, mais peuvent par contre être invoqués comme preuves pour soutenir une thèse controversée.

Exemples d'énoncés

Énoncé de fait

En 1905, Alfred Binet et Théodore Simon mettent au point l'un des premiers tests visant à mesurer l'intelligence des jeunes enfants.

Énoncé d'une thèse

Les tests d'intelligence traditionnels, comme celui de Binet et Simon, ne sont pas un bon indicateur de réussite.

Les transitions

Pour que votre développement soit clair et que le lecteur puisse en suivre aisément la progression, vous devez soigner les transitions entre les paragraphes ainsi qu'entre les phrases à l'intérieur d'un paragraphe. Le passage brusque d'une idée à l'autre est déroutant pour le lecteur, qui risque ainsi de perdre le fil de votre exposé.

- Les connecteurs (aussi appelés organisateurs textuels et marqueurs de relation) sont des mots ou des expressions dont la fonction est précisément d'exprimer le lien logique que vous établissez entre des idées ou encore de rendre explicite l'organisation de votre texte.

- Ne placez pas les connecteurs de façon artificielle ou mécanique. Vous devriez par exemple éviter l'emploi répété de « premièrement », « deuxièmement », « troisièmement », etc. Les transitions doivent être à la fois naturelles et variées.

- Les liaisons logiques entre deux paragraphes ou deux parties du développement peuvent aussi être exprimées au moyen de phrases de transition qui sont placées à la fin d'un paragraphe ou au début du paragraphe suivant.

- Vous trouverez des listes de connecteurs à utiliser dans vos travaux rédigés en français et en anglais à la fin de ce guide.

LA CONCLUSION (*CONCLUSION*)

Définition

La conclusion est l'aboutissement de votre travail. Elle est constituée de deux ou trois parties qui, selon les cas, forment un seul paragraphe ou des paragraphes distincts.

- La taille de la conclusion ne doit pas dépasser 10 % de la longueur totale du travail.

- **La synthèse** (*main points restated*) est un court résumé des grandes lignes du développement. Elle indique à votre lecteur ce qu'il doit retenir de votre exposé.

- Si votre introduction incluait une question ou une hypothèse, vous devez dans la conclusion présenter **une réponse à la question posée** ou encore **confirmer ou infirmer votre hypothèse de départ**.

- **L'ouverture** (*final comment, suggestion, prediction or recommendation*) offre des pistes nouvelles de réflexion liées au sujet que vous avez traité. Vérifiez auprès de votre professeur ses attentes en ce qui concerne la façon de formuler cette dernière partie. Selon le type de travail, on peut vous conseiller d'énoncer une ou plusieurs questions ou, au contraire, d'éviter les tournures interrogatives.

○ Attention ! La conclusion ne doit pas ajouter de nouvelles informations ni contredire ce que vous avez affirmé auparavant.

3.

Intégrer des citations et se référer à des auteurs sans plagier

LE PLAGIAT

DÉFINITION

Le Collège Ahuntsic définit le plagiat comme «tout geste par lequel un étudiant cherche à s'attribuer une production dont il n'est pas l'auteur [...]⁴». Dans le contexte de la rédaction de travaux, le plagiat consiste souvent à emprunter les idées d'un auteur ou à reproduire des parties d'un texte sans mentionner la source, c'est-à-dire le nom de l'auteur et le titre du texte. Il s'agit d'une «fraude intellectuelle».

○ Attention ! Copier ne serait-ce qu'une seule phrase tirée d'un ouvrage ou d'un site Internet, ou retranscrire un paragraphe en changeant quelques mots ici et là sont bel et bien considérés comme du plagiat.

Exemples de plagiat

Texte original

« […] on perdait souvent connaissance alors, et les rudes guerriers, si intrépides et si braves, s'évanouissaient à chaque occasion. Cette émotivité virile dura jusqu'à la période baroque. Ce n'est qu'après le XVIIe siècle qu'il convint à l'homme, au mâle, de surmonter ses émotions. A l'époque romantique l'évanouissement fut alors réservé aux femmes […]5 »

Plagiat (les mots en gras ont été copiés textuellement)

(Non !)

1. Au Moyen Âge, **les rudes guerriers, si intrépides et si braves, s'évanouissaient à chaque occasion.** On le voit notamment dans *Les Romans de la Table ronde.*

2. **On** s'évanouissait **souvent** au Moyen Âge et même **les guerriers intrépides** et **braves** perdaient connaissance **à chaque occasion. Cette émotivité** masculine **dura jusqu'à la période baroque,** alors que **l'homme** dut **surmonter ses émotions.** Au XIXe siècle, **l'évanouissement** devint **réservé aux femmes.**

(Non !)

SANCTIONS

Le Collège Ahuntsic a prévu une procédure et des sanctions sévères à l'égard des élèves qui commettent ce type de fraude.

Lors d'un constat de plagiat, le professeur en avise sans délai l'étudiant concerné et rédige un mémo au coordonnateur de l'enseignement qui voit à le déposer à son dossier et qui s'assure de l'application des sanctions prévues [...]

Les sanctions suivantes s'appliquent en cas de plagiat:

5.17.41 la note zéro (0) pour le travail, l'examen ou le test est attribuée lorsqu'un étudiant se rend coupable de plagiat pour la première fois;

5.17.42 la note zéro (0) pour le cours au complet est attribuée lorsqu'un étudiant se rend coupable de plagiat pour une deuxième fois pendant ses études collégiales;

5.17.43 l'étudiant est suspendu ou renvoyé du Collège lorsqu'il se rend coupable de plagiat pour une troisième fois pendant ses études collégiales[6].

COMMENT ÉVITER LE PLAGIAT?

* N'oubliez pas, lorsque vous consultez un ouvrage ou un site Internet, de noter immédiatement la référence.

* Lorsque vous voulez reproduire intégralement une phrase ou même une portion de phrase, utilisez les guillemets et indiquez la référence.

* Vérifiez les règles de présentation des citations et des références ci-dessous.

- Si vous souhaitez résumer ou reformuler les idées d'un auteur, assurez-vous de le faire en utilisant vos propres structures de phrases et vos propres mots (sauf pour le vocabulaire spécifique ou technique qui doit être respecté), et n'oubliez pas d'indiquer aussi la référence : vous faites alors ce que l'on appelle une citation d'idée ou une paraphrase.

  ○ Vous pensez qu'il est facile, grâce à Internet, de copier des textes sans être accusé de plagiat ? Détrompez-vous ! Grâce à un moteur de recherche comme *Google*, votre professeur peut facilement retracer une seule phrase ou même une partie de phrase copiée sur un site Internet.

LA CITATION

DÉFINITION

La citation est un passage extrait d'un ouvrage (ou d'un discours oral) que l'on reproduit textuellement pour soutenir ou illustrer son propos. Elle s'accompagne toujours d'une référence.

La citation courte

Elle ne fait pas plus de cinq lignes et elle est **toujours encadrée de guillemets**. Elle peut se présenter sous deux formes : la citation introduite ou la citation intégrée.

- Si on veut citer une phrase complète, il faut alors **introduire** cette citation au moyen d'une autre phrase elle-même autonome et complète, qui sera suivie des deux points (:).

Exemple de
citation introduite

Le premier chapitre du *Tristan et Iseut* de Joseph Bédier commence par une question que le conteur pose à son auditoire : «Seigneurs, vous plaît-il d'entendre un beau conte d'amour et de mort[7] ?»

- Si le passage cité n'est constitué que d'une partie de phrase ou de quelques mots, on intègre alors directement la citation dans notre phrase, **sans les deux points**, en utilisant seulement les guillemets.

Exemples de
citations intégrées

1. Dans le premier chapitre du *Tristan et Iseut* de Joseph Bédier, le conteur demande à son auditoire s'il lui plairait «d'entendre un beau conte d'amour et de mort[8]».

2. Plusieurs mots sont employés pour exprimer la luminosité de l'épée de Durendal, comme «claire», «éclatante», «brilles» et «flamboies[9]».

- N'oubliez pas de respecter la ponctuation et les majuscules du texte original. Si la phrase citée se termine par un point, on referme les guillemets après ce point. Sinon, on place le point après le guillemet fermant.

La citation longue

Elle fait plus de cinq lignes. Elle est transcrite **sans guillemets**, en retrait (à gauche et à droite) et à simple interligne.

Exemple
de citation longue

Sénèque, philosophe ayant vécu à l'époque de Néron, écrivait avant tout pour encourager à l'amélioration personnelle et à la maîtrise de soi :

> Quel désastre qu'une âme angoissée par l'avenir, malheureuse avant le malheur, inquiète à l'idée de ne pas pouvoir garder jusqu'au bout les choses qu'elle aime! Car elle n'aura jamais un instant de repos, et l'attente du lendemain lui ôtera tout sentiment de ce présent dont elle aurait pu jouir: le chagrin d'avoir perdu un bien et la crainte de le perdre sont une seule et même chose[10].

Ce passage décrit parfaitement l'état pitoyable d'extrême anxiété atteint par celui qui ne réussit pas à contrôler l'enchaînement de scénarios négatifs qui se présentent spontanément à son esprit.

La citation d'un poème ou d'une pièce de théâtre

Lorsqu'on cite un poème, on peut aligner deux vers en les séparant au moyen d'une barre oblique (/). Si l'on cite plus de deux vers, il est préférable de les placer en retrait, sans guillemets, comme dans la citation longue, en respectant la disposition originale des vers. On fera de même pour une pièce de théâtre : les répliques de plus de cinq lignes ainsi que les dialogues seront placés en retrait.

Exemples de citations de poème

1. Soucieux de préserver son honneur jusque dans la mort, Roland emploie les forces qui lui restent à prendre une pose irréprochable qui deviendra celle de son cadavre : «Sous un pin il est allé en courant ; / sur l'herbe verte il s'est couché face contre terre[11].»

2. Roland laisse libre cours à sa nostalgie en se remémorant le pays et les êtres qui lui sont chers, mais ce bilan est bref :

> De bien des choses le souvenir lui revient,
> de tant de terres que le baron a conquises,
> de la douce France, des hommes de son lignage,
> de Charlemagne, son seigneur, qui l'a formé[12].

La citation modifiée ou abrégée

- La citation doit toujours être une **transcription exacte** du texte d'origine. Si le texte original contient une erreur, vous devez la reproduire dans la citation et ajouter la mention latine **[*sic*]**, en italique et entre crochets, tout de suite après l'erreur.

Exemple d'utilisation de l'expression [*sic*]

L'exclamation de Tristan, lorsqu'il aperçoit pour la première fois Tintagel, le château du roi Marc, dépasse la simple politesse, et trahit son admiration devant la splendeur des lieux: «– Tingagel [*sic*], s'écria Tristan, béni sois-tu de Dieu, et bénis soient tes hôtes[13]!»

- Pour abréger un passage cité, il faut insérer des points de suspension **entre crochets [...]** qui indiquent l'omission de mots. Vous devez cependant toujours vous assurer que ce que vous gardez du texte d'origine est syntaxiquement correct et parfaitement compréhensible pour le lecteur. Il ne faut donc jamais se contenter de reproduire les premiers et les derniers mots d'un extrait.

Exemple de citation abrégée

Texte original

«Et, quand le soir tomba, sur la nef qui bondissait plus rapide vers la terre du roi Marc, liés à jamais, ils s'abandonnèrent à l'amour.»

Exemple d'une citation mal abrégée

Tristan et Iseut ne peuvent résister bien longtemps au pouvoir merveilleux du philtre: «Et, quand le soir […] à l'amour[14].»

Exemple d'une citation bien abrégée

Tristan et Iseut ne peuvent résister bien longtemps au pouvoir merveilleux du philtre: «Et, quand le soir tomba, […] ils s'abandonnèrent à l'amour[15].»

- Si vous souhaitez ajouter un mot, pour apporter une précision nécessaire à la bonne compréhension de la citation ou si vous devez modifier un mot, placez les modifications entre crochets

Exemples de citations modifiées

1. **Texte original**
«Tristan vint vers la reine et tâchait de calmer son cœur. Comme le soleil brûlait et qu'ils avaient soif, ils demandèrent à boire.»

Citation modifiée
Lorsque Tristan et Iseut «demand[ent] à boire[16]», ils ne se doutent pas qu'ils s'apprêtent à commettre une erreur fatale.

Ici, c'est le temps du verbe «demandèrent» qui doit être modifié parce que la phrase est au présent.

2. **Texte original**
«Roland sent que la mort le prend tout entier
Et que de sa tête elle descend vers son cœur.»

Citation modifiée
Roland suit la progression de son agonie et sait très bien que «de sa tête [la mort] descend vers son cœur[17].»

Ici, c'est l'antécédent du pronom «elle» qui doit être précisé.

La citation dans une autre langue

Si vous citez un texte écrit dans une autre langue, vous devez le transcrire dans sa langue d'origine, en *italique*. Il est possible d'ajouter une traduction entre parenthèses après la citation en indiquant entre crochets le nom du traducteur ou la mention [notre traduction].

La citation d'idée (ou paraphrase)

Elle consiste à reformuler dans vos mots une idée empruntée à un auteur, sans en altérer le sens. Comme vous ne reproduisez pas le texte original, vous n'avez pas à utiliser de guillemets, mais vous devez indiquer la référence, la source.

Exemple de citation d'idée

Au Moyen Âge, la mort est perçue comme banale, familière, même chez les chevaliers qui ont accompli des exploits héroïques[1]. Elle s'accompagne d'un rituel d'adieu au monde.

---

1. Philippe Ariès, *L'homme devant la mort: I. Le temps des gisants*, Paris, Seuil, 1985, p. 24.

LES GUILLEMETS

- Dans un texte rédigé en français, on utilise les guillemets français : « ».

- Dans un texte rédigé en anglais, on choisit les guillemets anglais : " " ou " ".

- Si le texte cité contient lui-même des guillemets, on emploiera deux types de guillemets différents pour bien distinguer les deux niveaux.

Exemple d'utilisation des guillemets

Dans son introduction à Tristan et Iseut, T.H. Penny Benarrosh note que «ce roman s'inscrit dans la veine des "Contes et légendes" où l'intrigue de fiction [...] se nourrit d'aventures héroïques et fabuleuses, telles des luttes contre d'horribles géants et dragons[18]».

LES MÉTHODES DE RÉFÉRENCE

Il existe deux façons différentes d'indiquer la référence lorsqu'on fait des citations : la note en bas de page et la méthode auteur-date. Chaque méthode présente ses avantages. Il est recommandé de vérifier quelle méthode votre enseignant privilégie.

La note en bas de page

La citation est suivie d'un chiffre placé en exposant (appel de note) qui renvoie à une notice bibliographique située au bas de la page (ou parfois à la fin du chapitre ou de l'ouvrage).

- L'appel de note se trouve immédiatement après le dernier mot de la citation, avant la ponctuation finale et le guillemet fermant.

- La note en bas de page, en caractère plus petit que le texte normal (10 points par exemple), est précédée d'un filet (ligne de 4 cm). Elle contient d'abord le chiffre correspondant à l'appel de note. Elle présente ensuite le prénom et le nom de l'auteur, *le titre de l'ouvrage (en italique)*, le lieu, la maison d'édition, l'année, la page.

- Les logiciels de traitement de texte, comme *Word*, permettent l'insertion automatique des notes en bas de page.

Exemple de note
en bas de page

«Dostoïevsky avait écrit: "Si Dieu n'existait pas, tout serait permis." C'est là le point de départ de l'existentialisme. En effet, tout est permis si Dieu n'existe pas, et par conséquent l'homme est délaissé, parce qu'il ne trouve ni en lui, ni hors de lui une possibilité de s'accrocher[1].»

---

1. Jean-Paul Sartre, *L'existentialisme est un humanisme*, Paris, Nagel, 1970, p. 36.

- Certaines abréviations latines sont utiles pour éviter d'avoir à répéter les mêmes informations lorsque l'on cite plusieurs fois un ouvrage ou un auteur.

  - *Ibid.* : remplace toute la notice d'un ouvrage que l'on vient de citer.

  - *Id.* : remplace le nom d'un auteur que l'on vient de citer.

  - *Op. cit.* : fait référence à un ouvrage cité précédemment et s'accompagne du nom de l'auteur.

  - *Loc. cit.* : fait référence à un article de périodique cité précédemment.

Exemple d'utilisation des abréviations

1. Albert Camus, *La peste*, Paris, Gallimard, 1994, p. 67.

2. *Ibid.*, p. 11.

3. Robert Kopp, « Une danse macabre », *Magazine littéraire*, n° 418, (mars 2003), p. 41.

4. Albert Camus, *op. cit.*, p. 116.

5. *Id.*, *L'homme révolté*, Paris, Gallimard, 1973, p. 25.

6. Robert Kopp, *loc. cit.*, p. 43.

La référence dans les travaux de français

Dans les analyses et dissertations littéraires, qui portent uniquement sur une œuvre bien identifiée dans le libellé du sujet fourni par le professeur, on se contente habituellement d'une référence entre parenthèses après la citation indiquant les lignes citées (l. 3 et 4), les vers (v. 4 à 6) ou la page (p. 6).

Exemple de référence dans les travaux de français

«Et, quand le soir tomba, [...] ils s'abandonnèrent à l'amour.» (l. 926-928)

La méthode auteur-date

Cette méthode est utilisée dans les disciplines scientifiques et dans certaines disciplines des sciences humaines. En formation générale, elle pourrait être exigée par certains professeurs d'anglais, langue seconde.

* Elle consiste à accompagner la citation (ou la citation d'idée) du nom de famille de l'auteur, de l'année de publication de l'ouvrage et de la page concernée. Ces éléments renvoient à une notice complète fournie dans la bibliographie.

* Il existe plusieurs variantes de cette méthode.

Exemples de références selon la méthode auteur-date

1. Le nom de l'auteur, l'année et la page sont entre parenthèses après la citation.

"Encryption also allows criminals and terrorists to conceal their activities." (Minerd 2000, p. 30)

2. L'auteur est mentionné dans la phrase d'introduction, suivi de l'année entre parenthèses. La mention de la page se trouve après la citation, entre parenthèses.

Minerd (2000) reports that "Encryption also allows criminals and terrorists to conceal their activities" (p. 30).

3. Dans une citation d'idée ou un résumé, on utilise la même méthode avec ses variantes.

Minerd (2000) argues that law-breakers are also available to hide their illegal projects by encoding information.

4. Tous les éléments de la référence peuvent être inclus dans la phrase. Aucune parenthèse n'est alors nécessaire.

Joss Stone is a young woman who sings soul songs like a 50-year-old black woman. According to Aaron Wherry, in an article published in the National Post on October 22, 2003, Stone is a pretty girl who really loves to sing.

LA BIBLIOGRAPHIE OU LA MÉDIAGRAPHIE

Définitions

La **bibliographie** est la liste exacte et détaillée de tous les ouvrages (livres, périodiques, publications gouvernementales, etc.) que vous avez consultés pour effectuer votre travail. On appelle **médiagraphie** une liste comprenant à la fois des ouvrages imprimés et des références électroniques ou virtuelles (cédérom, sites Internet, etc.).

Il existe diverses façons de présenter une bibliographie ou une médiagraphie, mais nous en retenons deux, qui correspondent aux deux modes de référence que nous avons vus ci-dessus : la méthode traditionnelle et la méthode auteur-date. Quel que soit votre choix, certains principes s'appliquent en tout temps.

- Les ouvrages sont répertoriés par ordre alphabétique d'auteur.

- Si les titres sont nombreux, il peut être approprié de les regrouper par catégories.

- La notice est saisie à simple interligne et un interligne double sépare chaque notice de la suivante.

La méthode traditionnelle

La notice d'un **livre** contient dans l'ordre les éléments suivants :

- Le NOM de famille de l'auteur, en majuscules, suivi d'une virgule, et le prénom, suivi d'un point.

  - Les autres éléments de la notice seront séparés par des virgules et le tout se termine par un point.

- Le *titre* de l'ouvrage, en *italique*.

  - S'il y a un sous-titre, il est séparé du titre par deux points (:).

- Le lieu, c'est-à-dire la ville de l'édition.

  - Si vous ne trouvez pas cette mention, écrivez « s.l. » (sans lieu).

- La maison d'édition.

- L'année de la parution.

  - Si vous ne trouvez pas cette mention, écrivez « s.d. » (sans date)

- Le nombre total de pages de l'ouvrage.

- S'il y a lieu, la collection.

Exemples de notices traditionnelles (livres)

Un seul auteur:

VACHER, Laurent-Michel. *Histoire d'idées: à l'usage des cégépiens et autres apprentis de tout poil, jeunes ou vieux,* Montréal, Liber, 1994, 259 p.

Deux ou trois auteurs:

ARCAND, Bernard et Serge BOUCHARD. *Quinze lieux communs,* Montréal, Boréal, 1993, 212 p.

Plus de trois auteurs:

GENETTE, Gérard et autres. *Théorie des genres,* Paris, Seuil, 1986, 205 p.

Aucun auteur:

Tristan et Iseut, version de Joseph BÉDIER, éd. présentée, annotée et analysée par T.H. Penny Benarrosh, Laval (Qué.), Groupe Beauchemin, 2001, 287 p., coll. «Parcours d'une œuvre».

La notice d'un **article** (de journal, de revue ou d'un dictionnaire) contient les mêmes éléments de base que celle d'un livre avec quelques modifications.

La notice d'un **cédérom** ou d'un **site Internet** doit inclure le nom et le prénom de l'auteur, le titre de l'ouvrage ou du site, le type de support entre crochets, le lieu, la maison et la date d'édition ou, s'il s'agit d'un site Internet, la date de consultation et l'adresse Web.

Exemples de notices traditionnelles (articles, CD, sites Internet, etc.)

Un article de journal

Le titre de l'article est entre guillemets, le titre du journal est en italique.

BARANGÉ, Sébastien. «L'imparfait du présent: Le philosophe Alain Finkielkraut analyse le monde qui se défait, de l'affaire Juppé à l'antisémitisme et au choc Amérique-Europe», *Le Devoir*, Montréal, 18 avril 2005, p. A1.

Un article de revue

On indique le numéro du périodique, le mois et l'année.

KOPP, Robert. «Une danse macabre», *Magazine littéraire*, n° 18, mars 2003, p. 41-44.

Un article de dictionnaire

La mention «sous...» indique la rubrique sous laquelle l'information a été trouvée.

CHEVALIER, Jean et Alain GHEERBRANT. *Dictionnaire des symboles*, Paris, Robert Laffont S.-A. et Jupiter, 1982, sous «Miroir», p. 635-639.

Un article tiré d'un cédérom

MIRBEAU, Octave. «Vincent Van Gogh» (extrait), *Encyclopédie Microsoft Encarta 97* [Cédérom], [s.l.], Microsoft Corporation, 1996.

Un site Internet

La date de la consultation est indiquée par la mention «réf. du».

FORGET, Louise. *Guide méthodologique*, réf. du 5 mai 2005, http://www.collegeahuntsic.qc.ca/pagesdept/hist_geo/Atelier/Guide/guidemetho.html

- Pour obtenir des détails supplémentaires sur la façon de rédiger vos notices bibliographiques, consultez le site suivant :

  OLF. La *banque de dépannage linguistique*, réf. du 9 janvier 2007, http://www.oqlf.gouv.qc.ca/ressources/bdl.html

La méthode auteur-date

Si vous avez opté pour la méthode de référence auteur-date, votre bibliographie doit être conforme à cette méthode. Vous devez alors indiquer l'année de publication (et le mois s'il s'agit d'un périodique) entre parenthèses tout de suite après les nom et prénom de l'auteur. Les exemples qui suivent illustrent cette méthode pour des travaux exigés en anglais, langue seconde. Notez les différences avec la méthode traditionnelle, entre autres dans l'emploi des majuscules et de la ponctuation.

Exemples de notices selon
la méthode auteur-date

Un article

Barnett, A. (2004, fall). How numbers can trick you. *Technology Review*, 10, 38-45.

Un livre

Stanley, G. & Gardemal L. (1989). *Types of drama*. Toronto: Longmans.

Une encyclopédie

Sturgeon, T. (1995). Science fiction. In *The encyclopedia Americana* (Vol. 24, p. 390-392). Danbury, CT: Grolier.

Un document électronique

Francœur, P. (2001). 25 years of happiness: A story of love. Retrieved April 14, 2002, from Service Documentaire Multimédia, http://www.sdm.qc.ca/gen/mghpf.gtml#1

4.

Remettre un travail bien présenté

LE TRAVAIL MANUSCRIT

Le travail rédigé à la main doit être facilement lisible, propre et disposé de façon à ce que le professeur puisse faire ses commentaires dans la marge.

- Si le professeur ne vous fournit pas de feuilles ou de cahier d'examen, utilisez des feuilles lignées de format standard (21,6 X 28 cm).

- Écrivez à double interligne au recto seulement des feuilles.

- Respectez les marges préétablies (en haut et à gauche).

- Utilisez un stylo à l'encre bleue ou noire ; n'utilisez jamais de crayon rouge, rose, mauve, etc.

- Effectuez vos corrections à l'aide d'un ruban correcteur sec ou d'un liquide correcteur.

- Soignez votre calligraphie : le professeur qui ne réussit pas à déchiffrer votre écriture (caractères minuscules, lettres mal formées, etc.) ne peut pas évaluer votre travail à sa juste valeur !

LE TRAVAIL À L'ORDINATEUR

La présentation matérielle de votre travail doit être uniforme du début à la fin. Son but est de faciliter la lecture et la correction : il faut donc viser d'abord et avant tout la clarté et la sobriété.

Les logiciels de traitement de texte comme *Word* vous permettent de choisir les éléments de mise en forme de votre texte (police, marges, alignement et espacement des lignes, etc.). Créez un modèle que vous conserverez sur votre disque rigide ou utilisez le gabarit qui se trouve sur le site suivant : www.pourreussir.com

Le papier

Choisissez un papier blanc uni de format 21,6 X 28 cm (8,5 po X 11 po) dont vous n'utiliserez que le **recto**.

Les marges

Établissez des marges de 4 cm en haut et à gauche, et de 3 cm à droite et en bas ; respectez ces marges tout au long de votre travail.

L'interligne

Pour vos travaux scolaires, sélectionnez l'interligne et demi ou l'interligne double.

- L'interligne simple est réservé aux citations longues, aux notes en bas de page et aux notices bibliographiques.

- Le passage d'un paragraphe à l'autre est marqué par un double ou un triple interligne ; celui d'une partie à l'autre (de l'introduction au développement par exemple) est indiqué par un quadruple interligne.

Le caractère typographique

Il est recommandé d'utiliser une police de caractère facile à lire, comme le Times, 12 points.

- La taille du caractère (12 points) sera constante tout au long du texte sauf pour les notes en bas de page qui seront en 10 points. Il est aussi possible de varier (de

14 à 16 points) la taille des titres et des intertitres.

- Le texte est écrit en lettres minuscules : on emploie la MAJUSCULE pour indiquer le début de la phrase graphique, pour les sigles et acronymes (HEC, ONU), pour signaler le nom de famille des auteurs cités dans la médiagraphie et, au choix, pour les titres ou intertitres.

- Le caractère droit (romain) est utilisé pour le texte dans son ensemble.

- L'*italique* est réservé pour la mention du titre d'une œuvre (livre, film, site Internet, tableau), d'un périodique ou pour une expression en langue étrangère.

- Le **caractère gras** permet de mettre en relief un mot, un titre ou un intertitre : on le préfère au soulignement.

L'alignement et les alinéas

- Il est possible de présenter un texte aligné à gauche seulement ou bien aligné à gauche et à droite (on dit alors qu'il est justifié).

* L'alinéa, qui est le renfoncement de la première ligne d'un paragraphe, est facultatif.

La pagination

Toutes les pages du travail doivent être comptées, mais elles n'auront pas toutes un folio, c'est-à-dire un chiffre numérotant la page.

* Les pages comportant un titre (page de titre, table des matières, introduction, conclusion, bibliographie) ne sont pas numérotées.

* Les pages précédant l'introduction (pages liminaires) sont numérotées, si elles ne comportent pas de titre, en chiffres romains, lettres minuscules (i, ii, iii, iv, etc.).

* Les pages suivantes (de l'introduction à la fin) sont numérotées à l'aide d'un chiffre arabe (1, 2, 3, etc.) placé seul dans le coin supérieur droit de la feuille, à 3 cm du bord.

L'indication du nombre de mots

Certains professeurs (de français et d'anglais notamment) exigent que vous indiquiez le nombre total de mots de votre travail.

* Comptez tous les mots, y compris les mots d'une seule lettre comme « l' », « y », « n' » et les citations.

- Indiquez clairement le nombre total de mots sur la première page de votre travail (à côté du titre par exemple).

- Si vous utilisez le logiciel de traitement de texte *Word*, allez dans «Outils», puis dans «Statistiques» pour trouver le nombre de mots de votre travail.

La reliure

Agrafez votre travail dans le coin supérieur gauche. Évitez d'insérer votre travail dans une reliure ou une chemise, car ils se manipulent mal au moment de la correction.

- Gardez toujours une copie de votre travail sous forme imprimée, sur un CD ou sur votre disque rigide. En cas de perte ou d'accident, ce geste pourrait vous sauver!

LES DIFFÉRENTES PARTIES DU TRAVAIL

La page de titre

Elle doit contenir les informations suivantes: votre nom complet (prénom et nom de famille), le nom et le numéro du cours concerné, le titre du travail (en lettres majuscules), le nom du professeur, le nom du collège et la date de remise du travail.

Ces informations sont réparties en quatre blocs centrés horizontalement et verticalement (voir l'exemple ci-dessous ou le gabarit disponible sur le site suivant : www.pourreussir.com).

- Tout comme les titres à l'intérieur du travail, les informations données sur la page de titre ne sont suivies d'aucune ponctuation.

TOULMONDE TREMBLAY
Écriture et littérature
601-101-04, gr. 01

L'HUMOUR DÉBRIDÉ DE RACINE
DANS *PHÈDRE*

Travail présenté à
Monsieur Octave Crémazie

Département de français
Collège Ahuntsic
Le 21 juillet 1952

La table des matières et la liste de tableaux et figures

La table des matières présente, dans l'ordre, toutes les parties du travail ainsi que les pages où se trouvent ces différents éléments. Si le travail contient plus de trois tableaux, figures ou graphiques, on en dresse une liste incluant les pages.

TABLE DES MATIÈRES

- Le logiciel *Word* permet de mettre en page une table des matières ou une liste de tableaux et figures: il suffit d'aller dans «Insertion» à «Tables et index».

L'introduction, le développement et la conclusion

Dans un rapport de recherche, l'introduction et la conclusion sont généralement identifiées comme telles, mais le développement n'est jamais identifié par le mot «développement». On peut donner un titre à chacune des grandes parties du travail. Sinon, l'insertion de quatre interlignes signale le passage d'une partie à l'autre.

- Vous trouverez des informations sur le contenu de l'introduction, du développement et de la conclusion dans la section 2, «Structurer un texte».

Les annexes

Les annexes permettent de fournir des renseignements additionnels utiles, mais qui alourdiraient le corps du texte: données statistiques, questionnaires, lexique, etc. Chaque annexe est en général identifiée par une lettre ou un chiffre (ANNEXE A, ANNEXE B ou ANNEXE 1, ANNEXE 2). Dans le texte, on peut indiquer la présence d'une annexe de différentes façons.

« On trouvera en annexe le questionnaire soumis aux répondants. »

« Le questionnaire soumis aux répondants (voir l'annexe 2) montre clairement que... »

La bibliographie ou la médiagraphie

Elle est définie dans la section intitulée « Intégrer des citations et se référer à des auteurs sans plagier ». Vous y trouvez aussi des précisions sur les deux façons de rédiger les notices bibliographiques.

5.

Éviter certains pièges

Le style et le point de vue

Dans la plupart des travaux décrits précédemment, vous devez employer **un style neutre, objectif et direct**.

- Il faut éviter le pronom «je» et, en anglais, «*I*». Le «nous» de modestie peut être employé, mais il est souvent conseillé d'utiliser le pronom «on» ou des tournures impersonnelles («Il est clair que...», «Il serait pertinent de souligner que...»).

- Vous ne devez pas non plus vous adresser à votre lecteur en utilisant le pronom « vous » ou, en anglais, « *you* », ni utiliser le pronom « tu » en lui donnant une valeur indéfinie (« Quand tu fais telle chose, tu peux t'attendre à... »).

- Vous devez bannir les marques d'affectivité, comme les exclamations ou les jugements de valeur sur l'œuvre que vous résumez ou analysez (« Quel imbécile, ce personnage ! », « Ce merveilleux poème... »).

- Laissez à votre correcteur le soin de juger votre travail. Les appréciations personnelles sur votre propre travail (« J'ai bien fait ceci... », « J'ai bien réussi à montrer que... ») n'ont pas leur place dans votre conclusion.

- Énoncez directement vos idées sans annoncer lourdement ce que vous allez faire. Évitez les formules telles que « *In this text, I will talk about ...* ».

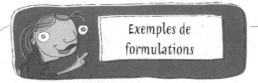

Exemples de formulations

Formulation directe sans marques personnelles
Les deux quartiers décrits par Gabrielle Roy dans *Bonheur d'occasion* s'opposent d'abord du point de vue géographique.

Formulation lourde et trop personnelle
Pour commencer mon paragraphe informatif, je vais vous présenter l'opposition géographique entre les deux quartiers décrits par Gabrielle Roy dans *Bonheur d'occasion*.

L'insertion des citations

- Évitez la multiplication des citations : celles-ci doivent illustrer vos idées, pas les remplacer !

- De même, vous ne devriez pas citer inutilement de longs passages. Contentez-vous de garder ce qui est vraiment utile à votre démonstration.

- Rappelez-vous que les citations ne devraient jamais constituer plus de 20 % de votre texte.

- Une citation qui ne fait que répéter ce que vous venez de dire est inutile...

Exemple de citation redondante

Comme ils **ont soif**, Tristan et Iseut **demandent à boire** : «Comme le soleil brûlait et qu'ils **avaient soif**, ils **demandèrent à boire**.» (p. 48)

Non !

Le titre des œuvres et le nom de l'auteur

- Le titre d'un livre (celui qui apparaît sur la couverture) doit être en *italique* si vous utilisez l'ordinateur ou <u>souligné</u> si vous rédigez votre travail à la main.

- Le titre d'un chapitre, d'un poème, d'un article ou d'un extrait de texte doit être placé entre guillemets.

- En ce qui concerne l'emploi des majuscules, l'Office québécois de la langue française a adopté une règle simplifiée qui consiste à écrire le titre des ouvrages avec une seule majuscule initiale[19]. On utilise bien sûr la majuscule pour les noms propres.

- En anglais, la règle générale veut que tous les mots importants du titre commencent par une majuscule, mais il existe certaines exceptions. Vérifiez-les auprès de votre enseignant.

En français

«L'arrivée chez Grand-Mère» est le premier chapitre du roman *Le grand cahier.*

- «La forêt et la rivière»
- *Le dictionnaire visuel*
- *Une saison dans la vie d'Emmanuel*
- <u>Bonheur d'occasion</u>

En anglais

- *Encyclopædia Britannica*
- *Of Mice and Men*

- Comme vous n'êtes pas un ami intime des auteurs que vous lisez, vous ne devez jamais les désigner par leur prénom seul (Gabrielle, Albert). Vous pouvez utiliser le nom complet (Gabrielle Roy, Albert Camus) ou encore le nom de famille seul (Roy, Camus).

Les temps des verbes

- Prenez soin d'uniformiser les temps de verbes lorsque vous rédigez un texte. Vous devez éviter, par exemple, le passage du présent au passé ou du passé au présent sans raison valable.

- Dans la mesure du possible, rédigez vos travaux au présent : même si le texte que vous analysez ou que vous résumez est au passé, vos observations sur ce texte sont intemporelles. De plus, l'usage du présent vous évite bien des erreurs causées par l'emploi difficile des temps du passé.

- Si la concordance des temps exige tout de même l'emploi du passé, utilisez le passé composé et l'imparfait, au besoin, plutôt que le passé simple.

Exemples d'utilisation des temps de verbes

1. Lorsque Tristan et Iseut **boivent** par erreur le philtre d'amour, ils ne se **doutent** pas qu'ils **commettent** une erreur fatale.

Commentaire :
La phrase est au présent même si le roman dont il est question est écrit au passé.

2. Dans le roman *Tristan et Iseult*, les bourgeois et le peuple de Cornouailles ne **souhaitent** pas l'exécution de Tristan. En effet, au moment où le géant Morholt **débarquait** chez eux, Tristan **a été** le seul à oser l'affronter.

Commentaire :
La première phrase est au présent. La seconde phrase fait référence à des événements qui se sont déroulés **avant :** on utilise l'imparfait et le passé composé.

Le vocabulaire

IMPROPRIÉTÉS

Des impropriétés sont des emplois incorrects d'un mot.

- Méfiez-vous du verbe « **démontrer** » qui signifie « fournir une preuve » ou « établir la vérité de manière rigoureuse ». Vous avez tendance à l'utiliser trop souvent et, la plupart du temps, vous le confondez avec le verbe « montrer ».

- Le verbe « citer » signifie « rapporter les paroles de quelqu'un ». Il n'est pas un synonyme de « dire » ou « raconter ». Un auteur ne **cite** pas ses propres phrases...

- L'expression « **et je cite** » ne s'emploie qu'oralement devant une citation, jamais dans un texte écrit.

- La locution « **suite à** » est incorrecte. Il faut la remplacer par « à cause de », « à la suite de », « par suite de ».

VOCABULAIRE FAMILIER

Il s'agit de mots de la langue parlée quotidienne qui n'ont pas leur place dans un travail scolaire.

ARCHAÏSMES

Les mots ou expressions qui ne sont plus en usage sont considérés comme des archaïsmes.

PARONYMES ET HOMOPHONES

Les paronymes sont des mots ayant une forme ou une prononciation semblables, et que l'on confond souvent. Les homophones ont la même prononciation sans avoir la même orthographe ni la même signification.

- Attention à la confusion entre les noms qui se terminent en «**isme**» (humanisme, existentialisme) et les adjectifs ou noms de la même famille qui se terminent en «**iste**» (humaniste, existentialiste).

- Distinguez bien la locution verbale «avoir trait à» et le nom «attrait»: «En ce qui **a trait** à Roxane, l'**attrait** qu'elle exerce auprès de Cyrano est incontestable.»

PLÉONASMES

Les pléonasmes sont des répétitions inutiles.

- comme par exemple
- comparer ensemble
- préparer d'avance
- puis ensuite

ANGLICISMES

On considère comme des anglicismes les emprunts abusifs à la langue anglaise. Étant donné que certains anglicismes sont utilisés fréquemment en français, on ne les identifie pas toujours comme des termes fautifs. Le tableau qui suit en recense quelques-uns et mentionne les expressions correctes.

Exemples d'erreurs de vocabulaire

EMPLOIS INCORRECTS	CORRECTIONS
L'auteur **démontre** le thème de la guerre.	L'auteur **aborde** le thème de la guerre.
Il **démontre** que les enfants sont maltraités.	Il **montre** que les enfants sont maltraités.
Il **démontre** les conditions de vie des ouvriers au XIXᵉ siècle.	Il **décrit** les conditions de vie des ouvriers au XIXᵉ siècle.

MOTS FAMILIERS	CORRECTIONS
Le poème «Recueillement», de Charles Baudelaire, est **super**.	Le poème «Recueillement», de Charles Baudelaire, est **d'une grande richesse**.
Il **se fout** d'eux.	Il **se moque** d'eux.
Ça veut dire qu'il est mécontent.	**Cela** veut dire qu'il est mécontent.

ARCHAÏSMES	CORRECTIONS
Elle n'a pu venir à l'école **à cause qu'**elle est malade.	Elle n'a pu venir à l'école **parce qu'**elle est malade.
Il faut **barrer** la porte.	Il faut **fermer** la porte **à clé** (ou **verrouiller** la porte).

MOTS VAGUES	CORRECTIONS
Le **livre** *La peste* de Camus.	Le **roman** *La peste* de Camus.
Le personnage a une attitude **spéciale.**	Le personnage a une attitude **inquiétante**.

Exemples
d'anglicismes

FAUTE	NATURE	CORRECTION
à date, jusqu'à date	Calques de «*up to date*».	jusqu'à maintenant, jusqu'à présent
faire application pour un emploi	Anglicisme, au sens de «demande».	faire, présenter une demande d'emploi; poser sa candidature; postuler un emploi.
balance	Anglicisme, au sens de «reliquat d'une somme à payer.»	solde: Il vous reste un solde de 30$ à régler.
bienvenue	Anglicisme de construction: comme formule d'accueil; comme formule de réponse à un remerciement.	Soyez le bienvenue, M. Untel; je vous en prie; il n'y a pas de quoi, de rien
breuvage	Archaïsme maintenu par l'anglais *beverage*, qui désigne tout ce qui se boit.	boisson
céduler	Anglicisme	Le train doit partir à trois heures; M. Sansoin est de service à huit heures; La réunion est prévue pour, fixée à mardi.
dû à; être dû pour	Calque de «*due to*»; «*to be due for*»	à cause de, en raison de, grâce à, avoir droit à, avoir besoin de, être mûr pour

FAUTE	NATURE	CORRECTION
canceller	Anglicisme	annuler, décommander
mettre l'emphase sur	Anglicisme	mettre l'accent sur; insister sur, souligner
prendre pour acquis	Calque de «*to take for granted*»	tenir pour acquis; considérer comme acquis
versatile	Anglicisme, au sens de «qui possède des talents variés, susceptible de divers usages».	une artiste polyvalente; petit couteau tout usage

Voici quelques ouvrages ou sites Internet à consulter pour éviter les erreurs de vocabulaire:

- VILLERS, Marie-Éva de. *Multidictionnaire de la langue française*, 4ᵉ éd., Montréal, Québec Amérique, 2003, 1542 p.

- FOREST, Constance et Denise BOUDREAU. *Dictionnaire des anglicismes. Le Colpron*, Laval, Beauchemin, 1999, 381 p.

- QUÉBEC. OFFICE QUÉBÉCOIS DE LA LANGUE FRANÇAISE. *La banque de dépannage linguistique*, mise à jour le 19 décembre 2006, réf. du 9 janvier 2007, http://www.oqlf.gouv.qc.ca/ressources/bdl.html

- CENTRE COLLÉGIAL DE DÉVELOPPEMENT DE MATÉRIEL DIDACTIQUE (CCDMD). *Amélioration du français*, réf. du 15 juin 2005, http://www.ccdmd.qc.ca/fr/

Erreurs fréquentes en anglais, langue seconde

MISTAKES	CORRECTIONS

1. Adjectives

I love **interestings** people. | I love **interesting** people.

*Adjectives never take the plural marker.

It is **more easy** after my first cup of coffee. | It is **easier** after my first...

*Comparative form

2. Prepositions

I was born **at** Quebec City and I studied **to** College François-Xavier. | I was born **in** Quebec City and I studied **at**...

*In: used with a country, province or city
At: used with an address (building, workplace)
To: used to indicate direction
Near: used without "of"

I've been with my boyfriend **since** five years. | I've been with my boyfriend **for** five years; I've been with my boyfriend **since** 2000.

*For: with a period of time
*Since: with a precise moment in time

Carmen **participated at** the Quebec Games. | Carmen **participated in**...

She is **interested at** literature. | She is **interested in**...

It **depends of**... | It **depends on**...

MISTAKES	CORRECTIONS

3. Nouns

I have a lot of **home-works** tonight.

I have a lot of **homework**...

*Some nouns are noncount and cannot take an "s":
information, advice, progress, work, publicity.

4. Capitalization

It rained on **saturday**, so **i** worked on my **english** homework.

It rained on **Saturday**, so **I** worked on my **English** homework.

*Capitalize: the subject pronoun "I"; all words in a title; names of months, days, languages and nationalities (even if they are used as adjectives: The **Canadian** flag was designed in 1964.)

5. Subject-Verb Agreement

There **is** many people at the store.

There **are** many people at the store.

He **make** an effort to finish his homework.

He **makes** an effort to finish his homework.

6. French Influence

The topic **who** he chose was politics.

The topic **that** he chose...

*Who: for people; which: for things or animals
*That: for people, things or animals

I **have** 19 years old.

I **am** 19 years old.

*For expressions with age, hunger or thirst, use the verb "to be."

She **passed** a lot of time with him.

She **spent** a lot of time...

All the persons I know play an instrument.

Everyone I know plays an instrument.

*Everyone, everything, everybody are all singular.

73

MISTAKES	CORRECTIONS

6. French Influence

It / He has a lot of clouds in the sky today. | *There are* a lot of clouds in the sky today.

For "il y a" use "there is" or "there are" as the subject of the sentence.

I'm agree with you. | *I agree* with you.

She is a **sensible** person. (meaning "practical") | She is a **sensitive** person. (meaning "easily offended or affected")

I hope you will **take a decision** in my favor. | I hope you will **make a decision** in my favor.

We will rent a **local**. | We will rent a **room / office / space /** etc.

I had a two-month **formation** at Miramar. | I had a two-month **training session** at...

7. Past Participles of Verbs (Passive Voice)

A prison guard can be **compare** to a police officer in many ways. | A prison guard can be **compared** to a police officer...

8. Spelling

I'm **gonna** tell you about my life. | I'm **going to** tell you about my life.

*Others: cause; because; specially; especially.

Annexe 1

Marqueurs de relation utiles

TERME EN FRANÇAIS	ÉQUIVALENT EN ANGLAIS
Pour introduire un sujet	
à ce propos	in connection with that
à ce sujet	talking of which
à cet égard	in that respect
à propos de	with regard to
au premier abord	
de prime abord	at first sight

TERME EN FRANÇAIS	ÉQUIVALENT EN ANGLAIS
Pour introduire un sujet	
au sujet de	about / concerning
d'abord	first / in the first place
dans cet ordre d'idées	in connection to this
de ce point de vue	from this viewpoint
d'une part	on the one hand
en ce qui a trait à	
en ce qui concerne	with regard to /
en ce qui regarde	as far as … is
en ce qui touche	concerned
pour ce qui est de	
en premier lieu	in the first place / first of all / first(ly)
quant à	as for
relativement à	relating to / concerning
sur ce point	on that point
tout d'abord	first and foremost
Pour introduire une explication, un exemple	
ainsi	for example / for instance
autrement dit	in other words /
en d'autres termes	put differently
c'est ainsi que	that is how
c'est le cas de	that is the case of
d'ailleurs	for that matter
de même	likewise
effectivement	indeed / in fact
en effet	in fact / actually
notamment	notably
par exemple	for example
soit	that is to say
Pour marquer les étapes du raisonnement, ajouter une idée	
aussi	
également	also
de la même façon	
parallèlement	in the same way

TERME EN FRANÇAIS	ÉQUIVALENT EN ANGLAIS
Pour marquer les étapes du raisonnement, ajouter une idée	
de même	likewise
de plus	moreover /
en outre	besides
en deuxième lieu	second(ly)
en effet	in fact / actually
en plus	in addition
en troisième lieu	third(ly)
ensuite	then / next / after that
et puis	and then
puis	then
Pour marquer le but ou la cause	
à cet effet	with that in mind
à cette fin	to this end
afin de	(in order) to /
pour	so as to
dans ce but	with this aim in view
dans cette optique	
dans cette perspective	from this viewpoint
en vue de	with a view to
pour cela	for (all) that
pour que	so that / in order that
à cause de	because /
en raison de	on account of
car	because / for
compte tenu de	considering
de ce fait	for that reason / on that account
du fait que	owing to the fact that / because
par le fait que	by the fact of / simply by
parce que	because
puisque	since / as
vu que	seeing that

TERME EN FRANÇAIS	ÉQUIVALENT EN ANGLAIS
Pour marquer la conséquence	
ainsi	so / that way
ainsi donc	so
alors	therefore
c'est pourquoi	that is why
en conséquence	consequently /
par conséquent	as a result
pour ces motifs	for those reasons
pour cette raison	for that reason
Pour marquer l'opposition	
au lieu de	instead of
cependant	however / yet / nevertheless
dans un autre ordre d'idées	in a different connection
d'autre part	
en revanche	on the other hand
par contre	
mais	but
néanmoins	nevertheless / nonetheless / yet
par ailleurs	in other respects
pourtant	yet / all the same
toutefois	however / nevertheless
Pour conclure	
ainsi	so
aussi	as well / also
donc	thus / therefore
en conclusion	
en terminant	in conclusion
en définitive	when all is said and done
en dernier lieu	
enfin	last of all / last(ly) / finally
en somme	on the whole / all things considered
finalement	in short
pour terminer	in the end / finally / to conclude

Annexe 2

Structure du plan d'une composition en anglais

Introduction

Grabber:

Thesis statement:

Body paragraph 1

Topic sentence:

Support:

Support:

Support:

Concluding statement:

Body paragraph 2

Topic sentence:

Support:

Support:

Support:

Concluding statement:

Conclusion

Main points restated:

Final comment, suggestion, or prediction:

Notes

1. Josette Rey-Debove et Alain Rey, dir., *Le nouveau petit Robert*, Paris, Dictionnaires Le Robert, 1995, p. 78.
2. Pour les travaux de philosophie, vous trouverez des explications supplémentaires dans le livret intitulé *Les cours de philo au cégep: comment s'y retrouver?* (p. 29 à 41) ainsi que sur le site Internet du Département de philosophie sous la rubrique «Les travaux écrits d'argumentation» à l'adresse suivante: http://www.collegeahuntsic.qc.ca/Pagesdept/Philosophie/
3. J. L. Lessard, *La communication écrite au collégial*, Montréal, Les éditions Le Griffon d'argile, 1996, p. 162.
4. Collège Ahuntsic, *Recueil des règles de gestion: Politique institutionnelle d'évaluation des apprentissages*, 1995, p. 23.
5. Philippe Ariès, *L'homme devant la mort: I. Le temps des gisants*, Paris, Seuil, 1985, p. 14.

6. Collège Ahuntsic, *op. cit.*, p. 24-25.
7. *Tristan et Iseut*, version de Joseph Bédier, Laval, Beauchemin, 2001, p. 11.
8. *Ibid.*, p. 11.
9. *La Chanson de Roland*, texte présenté, traduit et commenté par Jean Dufournet, Paris, GF-Flammarion, 1993, p. 243.
10. Sénèque, «Lettres à Lucius», dans Christian Boissinot et autres, *L'art de vivre: les stoïciens et Épicure*, traduction de Janick Auberger et Georges Leroux, Montréal, Les Éditions CEC, 1998, p. 88.
11. *La chanson de Roland*, *op.cit.*, p. 245.
12. *Ibid.*, p. 247.
13. *Tristan et Iseut*, *op.cit.*, p. 17.
14. *Ibid.*, p.52
15. *Ibid.*, p. 52.
16. *Ibid.*, p. 48.
17. *La Chanson de Roland*, *op. cit.*, p. 245.
18. T.H. Penny Benarrosh, «Présentation de l'œuvre», dans *Tristan et Iseut*, *op.cit.*, p. 177.
19. Marie-Éva de Villers. *Multidictionnaire de la langue française*, 4e éd., Montréal, Québec Amérique, 2003, sous «Titres d'œuvres», p. 1441.

Médiagraphie

OUVRAGES ET SITES PRODUITS AU COLLÈGE AHUNTSIC

DÉPARTEMENT DE PHILOSOPHIE. *Les cours de philo au cégep: comment s'y retrouver?*, Montréal, Collège Ahuntsic, 2002, 59 pages.

DÉPARTEMENT DE PHILOSOPHIE. *Livret départemental*, réf. du 5 mai 2005, http://www.collegeahuntsic.qc.ca/Pagesdept/ Philosophie/

FINDLAY, Joël. *Course Notes for 404-AEB*, Collège Ahuntsic, 2005.

FORGET, Louise. *Guide méthodologique*, réf. du 5 mai 2005, http://www.collegeahuntsic.qc.ca/pagesdept/hist_geo/Atelier/ Guide/guidemetho.html

LABRECQUE, Sophie. *Notes pour le cours 601-101-04, Écriture et littérature*, Collège Ahuntsic, 2003.

LEPAGE, Carmen. *Éléments de méthodologie*, Collège Ahuntsic, Département de français, hiver 2004, 89 p.

Autres ouvrages et sites Internet

BERGER, Richard. *Épreuve uniforme de français*, réf. du 9 janvier 2007, http://pages.infinit.net/berric/EUF/body_euf-accueil.html

CENTRE COLLÉGIAL DE DÉVELOPPEMENT DE MATÉRIEL DIDACTIQUE (CCDMD). *Amélioration du français*, réf. du 15 juin 2005, http://www.ccdmd.qc.ca/fr/

DIONNE, Bernard. *Pour réussir: Guide méthodologique pour les études et la recherche*, 4ᵉ éd., Laval, Groupe Beauchemin, 2004, 282 p.

DIONNE, Bernard. *Pour réussir*, réf. du 26 février 2007, http://www.pourreussir.com

ESPINASSE, Marie-Chantal *et al. Parcours sans détour: Guide d'accompagnement méthodologique*, Montréal, Association québécoise de pédagogie collégiale, 1996, 231 p.

GAETZ, Lynne. *Open Road: English Skills High-Intermediate Level*, Saint-Laurent, Éditions du Renouveau Pédagogique, 2002, 145 p.

GINGRAS, François-Pierre, *Guide de rédaction des travaux universitaires*, réf. du 17 mai 2005, http://aix1.uottawa.ca/~fgingras/metho/guide-fr.html

QUÉBEC. MINISTÈRE DE L'ÉDUCATION. *Épreuve uniforme de français du collégial*, réf. du 9 janvier 2007, http://www.meq.gouv.qc.ca/ens-sup/ens-coll/Eprv_uniforme/Mfrancais.asp

QUÉBEC. OFFICE QUÉBÉCOIS DE LA LANGUE FRANÇAISE. *La banque de dépannage linguistique*, réf. du 9 janvier 2007, http://www.oqlf.gouv.qc.ca/ressources/bdl.html

TREMBLAY, Raymond Robert et Yvan PERRIER. *Savoir plus: Outils et méthodes de travail intellectuel,* Montréal, Les Éditions de la Chenelière, 2000, 244 p.

TREMBLAY, Robert. *Savoir faire: Précis de méthodologie pratique*, 2ᵉ éd., Montréal, Chenelière/McGraw-Hill, 1994, 321 p.

VILLERS, Marie-Éva de. *Multidictionnaire de la langue française*, 4ᵉ éd., Montréal, Québec Amérique, 2003, 1542 p.

J'ai des idées...pourquoi plagier?!

Qu'est-ce que le plagiat?

« Le Collège considère comme plagiat tout geste par lequel un étudiant cherche à s'attribuer une production dont il n'est pas l'auteur, toute collaboration à un geste semblable ou toute tentative de le poser. Les situations suivantes constituent notamment un plagiat, qu'elles touchent une partie ou la totalité du travail, du test ou de l'examen concerné.

Copier un travail

L'utilisation en tout ou en partie d'un texte d'une autre personne en le faisant passer pour le sien dans un travail. Ce texte peut provenir d'un manuscrit ou de toute autre source de transfert d'information.

Copier un examen

L'utilisation pendant un examen de documents ou de matériel non autorisés ou le recours à l'assistance d'un autre étudiant, que cette assistance soit accordée volontairement ou non.

Utiliser du matériel illicite

L'utilisation avant ou pendant un examen de documents ou de matériel non autorisés obtenus par l'achat, le vol, la fraude ou la coercition.

L'utilisation de tout appareil de communication permettant la réception, la transmission ou l'entreposage de données.» [1]

Quelques exemples de plagiat...

- Copier une ou plusieurs phrases d'un texte, d'un livre ou sur Internet sans en citer la source.
- Copier des images sur Internet sans en préciser la source.
- Paraphraser (écrire dans ses propres mots) l'idée d'une autre personne sans en mentionner la source.
- Durant un examen «mains sur les touches», échanger des réponses en clavardant.
- Échanger des réponses à partir de forums de discussion en ligne.
- Se connecter avec le nom d'utilisateur et le mot de passe d'un autre étudiant pour voler des informations ou des travaux.
- Lors d'un examen, se servir de son téléphone cellulaire, d'un morceau de papier ou de tout autre médium pour trouver des informations sur Internet ou communiquer avec un autre étudiant.
- Copier les informations d'un autre étudiant quand ce dernier a laissé son compte étudiant ouvert sur un ordinateur du Collège.
- Acheter un travail sur un site Internet de vente de travaux scolaires.
- Falsifier ses références bibliographiques. [2]

La solution

Citer correctement ses sources

Vous pouvez consulter des livres, des articles de périodiques, des sites Internet ou toute autre source d'information. Il faut cependant en indiquer la source correctement dans les documents de toute nature que vous remettez à vos enseignants.

Citer correctement ses sources, c'est respecter les auteurs et la propriété intellectuelle et c'est se respecter soi-même, car...

Vous avez des idées... pourquoi plagier?!

Pour connaître les stratégies de recherche et la façon de citer vos sources, vous pouvez consulter le site de la bibliothèque Laurent-Michel-Vacher à cette adresse :

http://www.collegeahuntsic.qc.ca/webbibli/StrategieRecherche/StrategieRech.html

Les sanctions

Selon la *Politique institutionnelle d'évaluation des apprentissages (PIÉA)* :

Article 5.17.41 : la **note zéro (0)** pour le travail, l'examen ou le test est attribuée lorsqu'un étudiant se rend coupable de plagiat pour la première fois.

Article 5.17.42 : la **note zéro (0)** pour le cours au complet est attribuée lorsqu'un étudiant se rend coupable de plagiat pour une deuxième fois pendant ses études collégiales.

Article 5.17.43 : l'étudiant est **suspendu ou renvoyé du Collège** lorsqu'il se rend coupable de plagiat pour une troisième fois pendant ses études collégiales.[3]

Les intervenants

Le **professeur** est celui qui attribue la note zéro (0).

Les **coordonnateurs de l'enseignement** ont l'autorité de suspendre ou de renvoyer un étudiant qui contrevient à la politique du Collège : **au secteur préuniversitaire et pour la formation générale, M. Bernard Dionne,** local A-3510, poste 2330; **au secteur technique, Mme Nathalie Vallée,** local A-3510, poste 2600.

[1] Source : COLLÈGE AHUNTSIC, *Politique institutionnelle d'évaluation des apprentissages (PO-12)*, Amendée le 17 juin 2003, p. 23-24.
[2] GAVARD, Pierre, *Le Plagiat*, [Présentation PowerPoint], Montréal, IÉLUG, 2006, p. 23.
[3] Source : COLLÈGE AHUNTSIC, *Politique institutionnelle d'évaluation des apprentissages (PO-12)*, Amendée le 17 juin 2003, p. 24-25.

Notes

Notes

Notes

Notes

_____

_____

_____

_____

_____

_____

_____

_____

_____

_____

_____

_____

_____

_____

_____

Notes